LETTRE

ADRESSÉE A LA

COMMISSION CONSTITUTIONNELLE DES TRENTE

PAR

UN ÉLECTEUR DE LA GIRONDE

BORDEAUX

IMPRIMERIE NOUVELLE A. BELLIER

16, — rue Cabirol, — 16

1874

LETTRE

Adressée à la Commission Constitutionnelle
des Trente

Messieurs,

Sous un gouvernement parlementaire comme le
nôtre, il doit être permis, ce me semble, au citoyen
le plus obscur, de faire parvenir à l'Assemblée son
opinion personnelle sur les questions politiques
pendantes devant elle, et ce, non-seulement par la
voie détournée de la presse, mais aussi directe-
ment, par l'entremise des Commissions chargées de
préparer la solution de ces questions.

C'est pourquoi j'ai l'honneur, Messieurs, de vous
adresser cette lettre, pour vous exposer librement,
sans réticences, ce que je pense du suffrage uni-

versel et des moyens proposés pour en combattre les tendances anarchiques.

Naturellement, logiquement, le suffrage universel doit mettre aux mains des masses illettrées et déshéritées de la fortune le pouvoir politique tout entier et soumettre à leur domination les classes éclairées et riches.

Ce n'est point là une pure appréciation : non, c'est un fait et un fait certain, irrécusable, indiscutable.

Quelle doit être la conséquence de ce fait? Evidemment, une révolution sociale à très courte échéance.

Si l'on m'oppose l'expérience qui a été faite du suffrage universel aux Etats-Unis d'Amérique, d'une part et d'autre part, en France, en 1848, puis sous le dernier Empire, enfin le 8 février 1871, je réponds :

D'abord, le peuple des Etats-Unis, qui doit son

origine à l'Angleterre, est doué (son histoire l'atteste) de ce sens politique qui caractérise à un si haut point la nation anglaise. D'un autre côté, chez ce peuple, la propriété, fruit légitime du labeur de chaque jour, au lieu d'être un objet de prévention et de convoitise malsaine, est universellement respectée et considérée comme le mobile le plus puissant du travail et de la prospérité publique et privée ; elle n'a donc rien à redouter du suffrage universel.

Pour ce qui est de la France : en 1848, surprise et effrayée par la République, elle réagit vivement contre la révolution d'où cette République était sortie ; elle nomma en conséquence une Assemblée dont la majorité n'était rien moins que républicaine.

Sous le régime impérial, qui a précédé le 4 Septembre, le suffrage universel n'était que le suffrage d'un seul, ou, plus exactement, il était contenu, dirigé et maîtrisé, au point de devenir un des meilleurs instruments du règne ; il ne pouvait donc pas être une cause de perturbation sociale.

Le 8 février 1871 enfin, les élections générales, accomplies sous l'influence de la menace tant de fois répétée « Guerre à outrance ! » furent surtout une protestation contre la guerre dont les populations des villes comme celles des campagnes étaient également effrayées.

Mais, en dehors de ces circonstances tout exceptionnelles, le suffrage universel sera toujours lui-même, ce qu'il doit être, ce qu'il ne peut pas ne pas être : révolutionnaire.

Toutes les élections partielles qui ont eu lieu depuis le 8 février le prouvent sans réplique.

L'élection qui vient d'être faite ces jours derniers dans le département de la Gironde comble la mesure. L'opposition a pu réunir contre le gouvernement de l'illustre maréchal plus de 122,000 suffrages sur 146,000 qui ont été exprimés.

On impute, il est vrai, au suffrage universel, des contradictions, des *manifestations capricieuses* ;

on va plus loin, on le dit susceptible, à un moment donné, d'un revirement irrésistible en faveur des doctrines conservatrices.

Hélas ! mon Dieu ! je voudrais pouvoir le croire ; cela me donnerait l'espoir, sinon d'une conversion complète, du moins de quelques instants de bonne inspiration ; mais ces appréciations n'ont pas le moindre fondement et sont purement imaginaires. Je défie qu'on cite un seul fait pour les justifier, un seul fait sérieux, concluant, dans les élections politiques de l'Assemblée.

Si, pendant vingt-deux ans consécutifs, de 1848 à février 1871, le suffrage universel a été ce qu'il n'est plus maintenant, j'en ai déjà dit les raisons : c'est, ou parce qu'il n'était pas libre, comme sous l'Empire, ou parce qu'il subissait l'influence de certains faits particuliers, comme en 1848 et en 1871.

Mais depuis le 8 février, affranchi de toute contrainte, maître de lui-même, excité par une presse sans frein qui, chaque jour, lui parle de ses droits, de son pouvoir, qui, par tous les moyens, nourrit et envenime sa haine contre l'ordre établi chez tous les peuples civilisés, ce suffrage a été, est et sera toujours le même, invariablement le même : révolutionnaire.

Viennent la dissolution, de nouvelles élections générales ; si, avant, on ne l'arrête pas, on le jugera à l'œuvre ; plus d'illusions alors, les aveugles verront !.... il sera trop tard !

Eh bien ! devant cette fatale institution, enfantée (rappelons son origine) par une démagogie en délire, dans la nuit du 24 Février, à la lueur de torches funéraires, imposée violemment à la France, qui n'en voulait pas, au cri menteur de « Vive la réforme ! », devant cette fatale institution, dis-je, qui, chaque jour, décime, démolit pièce à pièce la représentation nationale et providentielle du 8 février, *la commission des Trente s'incline avec une sorte de respect, affirmant bien haut qu'elle ne l'a point mutilée !*

« La commission, dit M. le rapporteur, n'a pas
» l'espoir de satisfaire les opinions extrêmes, mais
» elle a voulu faire œuvre de justice et d'ordre
» social, organiser le suffrage universel, *sans le*
» *mutiler* ni le déchaîner. (¹) »

Ah ! non ! elle ne l'a point mutilé ! Car l'éléva-
tion de l'âge à vingt-cinq ans, la prolongation du
domicile à trois ans, l'abolition du scrutin de liste
n'arrêteront pas un seul jour sa marche vers l'abîme
où il nous mène comme à l'abattoir.

En présence d'un tel ennemi, reculer n'est pas
chose possible. Il faut ou le vaincre, ou être vaincu
par lui : c'est une lutte à mort.

Mais , avons-nous le moyen de vaincre cet
ennemi ?

D'après les informations plus ou moins exactes

---

(1) Cette citation, extraite d'un journal, est parfaitement conforme,
non à la lettre, mais au sens très net, très explicite du rapport authentique.

fournies par les journaux , nous trouvons positivement ce moyen dans le système électoral prussien, qui, tout en maintenant, *absolument intact*, le suffrage universel, en neutralise les effets par d'ingénieuses et sages combinaisons, de manière à ce qu'il puisse être pratiqué sans danger.

Ce système, le voici :

Les électeurs *primaires* sont divisés en trois catégories, comprenant : la première, ceux dont les cotes réunies, en commençant par les plus faibles, forment le tiers des contributions de la circonscription ; la deuxième, ceux dont les cotes forment le second tiers ; la troisième, ceux dont les cotes forment le dernier tiers ; et chacune de ces catégories nomme un nombre égal d'électeurs *secondaires*. Par ce procédé bien simple, d'une exécution bien facile, qui n'exclut aucun vote, on obtient un corps électoral où visiblement les éléments conservateurs dominent et assurent d'avance le triomphe des hommes d'ordre dans les élections. Là est le but à atteindre.

Pourquoi donc la Commission a-t-elle repoussé ce système ?

Elle répond (c'est le rapport qui parle) : « Cette » division tripartite nous a *paru* être arbitraire, » parce qu'au point de vue de la représentation des » intérêts, il n'y a pas de distinction à faire entre la » grande et la moyenne propriété, ni entre la » moyenne et la petite. »

Si, en faveur de l'intention patriotique dont je suis animé, la Commission me permet de lui soumettre respectueusement une objection, je lui dirai :

Où est donc l'arbitraire ? où est la *distinction* entre la grande propriété et la moyenne ? entre celle-ci et la petite ? — Je n'en vois pas l'ombre !

Loin de là, je ne vois qu'une seule et même propriété, commençant à 0,1 et finissant au chiffre le plus élevé de la contribution, — divisée en trois parties parfaitement égales et homogènes, ne différant entre elles que par la quotité de l'impôt ; et cette division n'altère pas le moins du monde la représentation des intérêts, qui reste entière.

Ce que je vois aussi très clairement, c'est le vote gradué sur l'intérêt représenté ; or, c'est précisément là le résultat à obtenir, c'est-à-dire la représentation des intérêts unie à la représention du nombre, — résultat juste, équitable et *éminemment plus sensé*, plus conciliant, plus acceptable par tous, que celui du suffrage universel mis en pratique parmi nous jusqu'à ce jour.

On compte, sans doute, sur la formation d'une seconde Chambre pour contrebalancer les aspirations trop démocratiques de l'Assemblée élue par le suffrage universel ; mais la meilleure garantie, la seule garantie réelle de la sagesse de cette dernière se trouve dans sa composition même et non ailleurs.

On dit, à l'encontre du système que je préconise, que « classer les habitants d'une même ville en » catégories d'après leur richesses ; faire figurer

» dans le même corps électoral les élus de quelques
» citoyens opulents et les élus du grand nombre,
» *semble* dépasser ce que nos mœurs comportent?»

Ah ! s'arrêter devant de pareilles considérations, parce qu'elles *semblent en désaccord avec nos mœurs*, c'est, complétement méconnaître l'effrayante gravité de la situation et la nécessité d'y porter remède à tout prix !

Et puis, il n'y a rien de choquant, de blessant pour nos mœurs à faire voter ensemble les élus réunis des diverses catégories d'électeurs primaires ; le seul reproche fondé à faire au système est de n'être pas en harmonie parfaite avec le principe d'égalité absolue, avec ce principe dont il veut s'écarter à dessein.

D'ailleurs, si, par un scrupule de justice que je ne partage nullement, on voulait tenir la balance plus égale entre les partis, on le pourrait, en réduisant plus ou moins le nombre des électeurs de second degré dont la nomination est attribuée aux plus imposés, mais toujours, bien entendu, en laissant aux intérêts la prépondérance décisive qui actuellement appartient au nombre. Moyennant ce tempérament, la Commission, à mon sens, n'a pas de raison pour persister dans le rejet du système électoral des Prussiens et nous devons l'adopter comme nous avons adopté celui de leurs fusils et canons à longue portée.

Ce système, qui se présente à nous comme un port de refuge dans la tempête, se recommande encore par d'autres considérations. Au lieu d'être sorti subitement du milieu d'une insurrection, il a été longuement réfléchi, médité ; sagement approprié aux précédents des peuples vieillis de l'Europe, il accorde une représentation au nombre, tout en respectant les intérêts, qui, dans le droit politique comme dans le droit civil, doivent être toujours la mesure des actions.

En France, au contraire, les intérêts ne sont rien, le nombre brutal est tout. Celui qui possède beaucoup, qui paie un impôt élevé à l'Etat, qui a

un intérêt personnel de toute sorte à la bonne
direction des affaires publiques, ne pèse pas plus
au scrutin que celui qui n'a rien, ne paie rien et
n'a d'autre souci que celui de sa personne. Cela
est choquant, injuste, absurde.

Au reste, que l'Assemblée y songe ! le moment
est solennel. Bientôt elle va quitter le pouvoir :
qu'elle en use donc virilement avant de s'en des-
saisir. C'est son droit, c'est son devoir !

Avec la majorité, quoique restreinte, dont elle
dispose, avec l'appui d'un gouvernement énergique
et fermement décidé à faire respecter ses décisions
souveraines, elle peut tout !

Elle peut au moins rassurer le pays assez long-
temps pour lui permettre de se rasseoir et de
s'occuper de ses affaires en toute confiance.

Oui, elle le peut, à deux conditions capitales :

La première, de rester inébranlablement et loyale-
ment dans les termes convenus du septennat pendant
toute sa durée ;

La seconde, de laisser après elle une loi électorale essentiellement et radicalement conservatrice, entourée d'institutions complémentaires ayant ce même caractère.

Il faut le dire : si elle n'a pas ce pouvoir, ou si, l'ayant, elle n'ose pas s'en servir par telles considérations qu'on voudra, d'ores et déjà, elle peut accepter ou subir la dissolution et nous livrer, en se retirant, aux passions démagogiques qui mugissent autour de nous. Nous ne gagnerions rien à prolonger la lutte. Au contraire, la résistance ne ferait qu'accroître l'irritation de nos ennemis devenus nos vainqueurs et nos maîtres.

Quoi qu'il en soit et dans tous les cas, l'Assemblée le sait, comme et mieux que moi, devant l'histoire elle aura la responsabilité de tout le mal qu'elle n'aurait pas empêché et de tout le bien qu'elle n'aurait pas fait.

J'ajoute avec tristesse : peut-être l'Assemblée pourrait-elle encore sauver la France, si tous les membres de la majorité, sans exception aucune, s'élevant patriotiquement au-dessus de leurs passions, voulaient être plus Français et moins hommes de parti. Serait-ce trop de le leur demander? Je le crains, je le crois, et, si nous périssons, ce sera plutôt de nos propres mains que de celles de nos adversaires politiques les plus implacables.

J'ai l'honneur d'être, avec un profond respect,

Messieurs,

Votre très humble et très obéissant serviteur,

P. C.

Ancien Magistrat.

Bordeaux, 8 avril 1874.

Bordeaux. — Imprimerie Nouvelle A. BELLIER, 16, rue Cabirol.